El piano

Reina María Rodríguez
El piano

© Reina María Rodríguez, 2016
© Fotografía de cubierta: W Pérez Cino, 2016
© Bokeh, 2016
   Leiden, Nederland
   www.bokehpress.com

ISBN 978-94-91515-53-8

Todos los derechos reservados. Cualquier forma de reproducción, distribución, comunicación pública o transformación de esta obra sólo puede ser realizada con la autorización de sus titulares, salvo excepción prevista por la ley.

Morir dos veces 7	Un puntillo 57
Ni siquiera habrá un piano 14	¡Hay tanta maravilla! 58
Sonido y furia 16	Ojos negros 60
Prioridad 18	Mar de leva 66
La marca 19	Resaca 68
Un lugar que por poco encontrábamos… 21	Solitarios en el marabuzal 70
	Nada 72
Cambio de horario 24	Tarde de marzo
¿Cómo era la música? 27	(cinco años después) 74
La niña del portarretrato de plata 31	Confianza 75
	Obispo es y no es una calle 76
Escenario arriba 32	Querido Carlos Augusto: 78
«Orégano, mamá» 34	Presentimientos, confesiones ... 81
Otro pino 36	Por eso… 83
Miré otra vez… 37	Cuerpo a cuerpo 84
Otro escenario para lo imposible 38	Música fantasma 87
	Encerrados en ámbar 89
Su voz, Bim Bom 39	En sol mayor 90
El golpe, la explicación 41	El amigo de San Petersburgo ... 92
Todavía estás sentado allí 43	Todo acaba 94
Same Mistake 45	Lo malo está afuera, se llama: flotar 96
Metrónomo 46	
Aurora boreal 47	Algo de otros tiempos 97
¡Ah!, Marina, tú día 50	Elegiste azul 99
¡Ah!, Marina, la noche 52	Como la Nell de Jodie Foster ... 101
Si este invierno pasa… 54	Me preparo para verte llegar, para verte ir… 102
El cuadro 56	

En aquel lugar… 104
El tamaño de esos pájaros....... 105
Origami de la voz.................. 106
Te hago un origami................ 107
Una caricia en el Epístrofe...... 109
Respuesta para José B. 111
Abro la cortina 114
Pero, ¿todas no íbamos
a ser reinas? 115
Un rastrillo........................... 118

Larga espera
de una afinadora de pianos.... 120
Escúchame 125
La guerra.............................. 131
La madre, el piano 133
Su música............................. 136
Si hubiera tenido… 137
No oigo, no oigo
a Bach por ninguna parte… ... 139
Advertencia 142

Morir dos veces

> En alguna parte de la vecindad,
> alguien tocaba el piano...

Hoy ha muerto un piano.
El piano. Mi piano.
Le cayeron a golpes.
Lo asesinaron
porque tenía comején.
Su corazón estaba pudriéndose
como el mío, exactamente igual.
Sus cuerdas estallaron, abajo.
Sin sonidos, sin pasión.
Y no pude ver al bajar,
en qué funda envolvieron los restos,
su teclado amarillo, el alma.

Me fui al mar
culpable por no haberlo defendido
en su agonía.
Culpable por dejarlo morir dos veces.
La primera, cuando dejé de tocarlo hace años.

Así murieron dos veces mi padre y mi hermano
que compartían conmigo la butaca de caoba tallada
cuando tocábamos a cuatro manos «Para Elisa»
y el gato Musso se acostaba encima,
en la tardecita
para vernos tocar.

La pared ahora sólo puede ser una pared sin música
con una huella indiferente al centro
(otra mancha)
donde pondrán una tabla con flores para sustituirlo.
El cementerio del piano, su tumba.
Siempre tendrá desniveles, aunque pretendan emparejarla.
Ni siquiera habrá un gato rondando por allí su cabeza
amarilla.

II.

Tocaba unos acordes en el pequeño piano de juguete
sin imaginarme
que mi piano Boston sería masacrado poco después.
Para ellos, era sólo un mueble más con comején,
para mí, la música.
Dolor de eso que llaman cultura
tan exterior a tener o no tener un piano,
un pasado.

Con sus notas enamoré al vecino
cuando él cerraba la ventana.
Con sus bemoles me reconciliaba
ante todo imposible.
Blusa de cuadros negros y dorados
como las teclas de nácar
envejecidas
rígidas.

Siento el olor de la madera
subir desde el basurero donde lo echaron
a reclamarme otro fin.
Siento el vestido congelándose en la espalda
ahuecada
ante el vacío del espacio dejado.
Fascismo de estos jóvenes que no saben
amar el lenguaje.

No saben que el búcaro era de bacarat por su sonido
cuando se balanceaba sobre él con flores
que no eran plásticas.
Angustia de los martinetes apretándose más por sobrevivir
contra tal avalancha: ojitos vigilantes, de niños.
Irreverencia. Horror.

Yo le quería enseñar a mi nieto una octava
(esa escalera abstracta que no subiré más con él
desentonando un do, un sí,
por la arbitraria escalera del piano)
–la que siempre encontrábamos
abierta hasta la casa de Josefita,
la maestra de Laguna y San Lázaro–
para que me aconsejara, pero ella tampoco
podía salvarlo ya.

Si mi hermano tenía que volver a morir con la muerte del piano
sin acordes, a machetazos limpios
como es todo aquí
¿cómo resistir por dos veces tal sacrilegio
o esperar un milagro?
¿La resurrección del piano, un sonido?

III.

Después del llanto vino una serenidad espectral
de actores que pierden un maquillaje
que se descorre con la lluvia.
El maquillaje es el dolor, la lluvia va borrándolo,
descorriéndolo
y aparece otro rostro, no más real, sino más lúcido.
«No tenemos piano, tenemos lluvia».
«No tenemos dinero, tenemos lluvia», decía él gritando.
Subí para ver las trazas
–polvo de comején en los escalones mojados
blancos, fríos, duros,
de una octava moribunda
recalcitrante
donde pedazos de madera sobreviviente aún
gemían.

Anécdotas que quedarán
sobre la muerte del piano
sin acta de defunción
a mano de vándalos.
Mi frustración es que no supe salvarlo.
No supe conmoverlos, perdonarlos.
Verlo subir por la roldana en pleno precipicio a los ocho
años,
verlo morir arrastrado casi cincuenta años después
escaleras abajo.

Recé y recé contra el muro del mar
—el agua apenas salpicaba melodías:
ejercicios de Czerny
difíciles de reconstruir
claudicando
ante dramas ordinarios que se irían con la artritis.
Fugas de Bach
desaparecidas entre una ola y otra,
reventadas contra el muro
«salándose».
«Lago de cómo», «Habanera tú»,
«Por ahí viene el chino»...
El piano que vivía conmigo ya no está.
Como no está marcada la diferencia en la pared
entre tener o no tener un piano.
La diferencia entre oír o no oír una nota,
tener o no tener un destino.

¿Con qué ojos miraba Miles Davis desconcertado
aquel asesinato?
¿Cómo le dejaron presenciar una cosa así?
Ninguna respuesta me podrá consolar.
¿A quién acudir contra esta barbarie que se llama
sociedad?
«Ni locos ni sentimentales
—dice Ford Madox Ford—
sólo cuerdos mediocres»
que resisten la ansiedad y no revientan
como cada una de sus cuerdas
sofocadas ayer
en silencio
sin vibrar más.

¿Cómo enterrar un piano, una vergüenza?
Aprecio cada vez más a los bárbaros, ellos
no jugaron a la mentida civilización tantas veces.
Ni siquiera habrá un piano.

Ni siquiera habrá un piano

Ahora, no tengo piano ni gatos
sólo gestos, gastos,
largas cuentas, obstáculos:
aguacates, plátanos…
Me cansan esos ritos
para que algo parezca
—en su repetición fatal—
sin rumbo ni ilusión
más real.

Falsas monedas en la pelvis
petrificada
y un abanico ajado en la mano.
(Otros perdieron sus casas por un fuego,
la virginidad o el sentimiento).

Mientras sigo pasando páginas
—su acero refulge en los ojos
con los recuerdos de una infancia
vivida hacia atrás, hacia el nacimiento
que todo lo desacredita:
eslabones de una historia tecleada
y compacta.
Su carapacho abierto sobre el suelo
esperando ilusiones
sacrilegios
—no sabían qué hacer con él,
conmigo.

No tengo primos ni gatos
–tampoco a quién contar
¿a quién?
Sólo palabras que no pueden con
tanta maldad:
harapientas, mugrosas, chatas
convenciones
y frases
es lo que va dejando alrededor suyo
el desengaño.

Como el país donde me encuentro sin infancia:
un país sin música,
sin arrepentimientos.

Sonido y furia

La última vez que quise tocarlo
sus teclas mudas
sonaban algo que no era real.
Se pegaban, se mortificaban entre sí,
sin dejar espacio al aire que las combinaba.
El piano estaba moribundo,
ahogándose
como un alcohólico,
un viejo olvidado,
–así yo en este cuarto encima
cuyo techo pretende ser un césped
(un teclado)
y me engaña.

La última vez que quise tocarlo
no se justificó con música.
No acarició mis torpes dedos nudosos.
No me respondió
sobre cuánto nos habíamos distanciado él y yo:
sobre cuánto tiempo perdí en recuperarlo;
sobre cuántos amantes que no amé o no me amaron
presenciaron su sentencia de muerte
indiferentes a cualquier solución
entre un acorde
y otro.
Me habló de su desencanto
(y no hay voz como la suya

entre acordes de Monk
—mudos también,
sin volver a poner un dedo sobre el teclado
«...dando vueltas sobre si mismo
en la habitación de un hotel»—
para escucharlo).

Prioridad

Sólo dejaron las maderas buenas
y exteriores
–esas que van a sobrevivir por el tipo de árbol,
por la sustancia, no por su intensidad.
(Donde mi madre echará azúcar prieta para aliviar el dolor,
la sangre).
Arrinconadas junto a un dintel
las miro, pero ya no me recuerdan nada.
Están vacías y quieren sobrevivir como si fueran
eco de unos viejos palos
carcomidos
indecentes
–una trasmigración (miserable) de lo que él fue.
No están vivas, sino mutiladas
y mi madre las espía y sabe.

La marca

La pared sigue marcada
(aunque él no esté allí, sigue estando).
Apoyado sobre el fondo lo veo,
al paso de las almas
de uno a otro lugar
un intervalo frágil.
Un hiato.

La ventana encima con su reborde blanco
por donde el gato Dédalus
orinaba.
A veces, los aguaceros también lo mojaban
y él –silencioso– guardaba la humedad
entre manchas que rechinaban
por el frío de sus cuerdas
que resistieron a tanto desengaño.

Mi antiguo novio lo tocaba
(para no tocarme a mí)
y los vecinos escuchaban notas desafinadas
a través de un ventanal
que la vecina cerraba de un portazo.
Hubo celebraciones y cantos.
Hubo dolor también ¡cuánto dolor!
entre bemoles y sostenidos
–acordes que son a veces adversarios
pero, que por momentos,
nos amparaban con aniversarios.

Ponía triste a toda la familia
y la familia tuvo
fantasmas que pujaban por huir
por la boca del piano donde
se acumulaba tanta pasión
desatendida
muertos sin fama
con la que sofocar aquel fuego
de la inocencia
que salía a bocanadas
entre notas que sonaban
infelicidad
espanto.

Ahora, sobre el bullicio vulgar hay silencio
y en la pared queda una marca
(le-ví-si-ma)
esa nostalgia que deja una desaparición
repentina
como la locura
—imperceptible siempre para los demás—
donde estuvo con su lealtad
un ser llamado Piano
apaciguándonos.

Un lugar que por poco encontrábamos…

En el viejo Motorota portátil ponía discos
de 45 revoluciones y placas negras
de 78 (RPM) con Pedrito Rico.
¿Te acuerdas de Lucho Gatica cantando, «La barca»? o
¿»En la distancia»?
Mi madre me lo regaló por mi sexto cumpleaños,
en Mariano.

Parecía una cajita de cuerdas plástica
(era grande y ahora, en el presente,
¡tan pequeñito!)
el viejo tocadiscos rojo donde oía a los Zafiros
imitar bien a los Platers
y bailaba con botas de yeso
inconformes
ante la línea del tren que me avergonzaba
con un sonido vacío
porque ¡nunca pasaron vagones cargados con algo!

Sigo de luto cincuenta años después
mirando por la persiana
semicerrada
mi saya negra y el corpiño blanco
(que me ponía para ocultar la inconformidad)
pretendiendo todavía un compás
que nos sostuviera
–cuando se habían roto todos los compases

y la armonía
entre aquella polémica del piano
contra el tocadiscos–,
al poner el dedo sobre una tecla
imprecisa
o la aguja imantada sobre el disco
con delicadeza
(como si en aquella presión nos fuera toda la vida)
–porque no nos quisieron lo suficiente
o no los quisimos en reciprocidad–
y los discos escaparon
por la oscuridad que tiene el vinilo
buscando qué habría dentro
del espacio rayado:
«¿El mundo, esa bobería?» –decía mi hermano
a punto de reventar sobre la calle Paseo.
¡Y no había nada!
Más que un deseo incumplido de música
y de felicidad.

II.

Así nos daban siempre «gato por liebre»:
el sonido de un tren confundido con música.
Arrastrando en la línea del fondo
su crash como un sacrificio;
Rita Pavone esperando un martillo
para golpearnos en la cabeza.
Gigliola Cinqueti ¡hecha añicos!
porque nunca tuvo la edad necesaria
para tener edad
y aquella apariencia
que necesitábamos ver en las carátulas
desteñidas
a esa distancia de la muerte
que sólo un arpegio puede medir
al saltar sobre el vacío
impunemente.

Cambio de horario

> Es imposible cambiar nada de lo sucedido, ni extirparlo ni omitirlo, ya que el pasado es indivisible.
>
> J. K.

Despertamos con la hora cambiada
y puse los relojes hacia atrás
hacia el presente
(aunque mi hijo físico me asegura
que no hay presente nunca).
El de la esfera negra era el más débil
–ya casi no lo veía–
el más complicado de cambiar
y no quería retroceder así,
por un mandato.

El pequeño reloj de la sala con su esfera amarilla
vino desde Salamanca
–lo compré rebajado–
y ha seguido mudo desde que llegó
porque no acepta
el océano interminable
que lo separa de su origen
y lo hunde en otro espacio,
hacia otra luz.

El italiano roto en la gaveta
se movilizó para ocupar un tiempo retardado.

Fue el más puntual, el más económico
–comprado en pesos cubanos cuando todavía
¡me compraba algo!

¿A dónde se llevaron mis deseos, el tiempo?

II.

Me vestí de negro por el duelo del piano,
pero no fue suficiente
conversar en el parque con un anciano
que sacaba su cálculo sin reloj
mirando hacia atrás
hacia el poniente
la sombra del sol en el Este:
«el deshorario de la memoria», dijo,
entre aquellos tic-tacs que combatían
por demostrarnos
sin detenerse
que algo todavía permanece contra tal devastación.

El silencio de esta mañana atrasada
tiene que ver con el espíritu del piano,
con su lenta agonía.
(La agonía de un gorrión de alféizar
imitando motivarse como yo
y sentir algo).
Las alas del pájaro hundido y enterrado
—verdes y azules como en el texto de Virginia—
han vuelto a sobresalir también de la maceta,
pátina de un reloj que no quiere atrasarse
ni convencernos de su puntualidad
—con esa impuntualidad fatal
de las cosas esperadas
y perdidas.

¿Cómo era la música?

                    No, seguro que no es ninguna de las obras que conozco…

El vestido lila con rayas oscuras y pálidas
diagonales
vencidas
cuando afuera
había música desenfrenada: ¿Bach?
No, ¡seguro que no es ninguna de las obras que conozco!
Algarabía de las palabras que hieren
y entran por el filo de la puerta
cortantes.

Miraba la pecera donde me ahogaba
prematuramente
¿quién pudiste ser?
¿haber sido?
¿dejar de parecerte a…?
La madre como un cuadro del Renacimiento,
complaciente con la boda del hijo
(con la intrusa)
y yo, con mareos vomitando en el baño
sobre el vestido casi transparente lila.
Parecía que sus listas me ahogaban la cintura
ensanchada
hasta la matriz.

Ahora se ha vuelvo opaco el color que se resiste ante la pérdida
y tiemblo.

II.

No tenías corbata, pero te prestamos una negra
–como la del pequeño retrato de la graduación
que aún conservo en el librero:
«…estás demasiado hecha, ya tienes forma,
creciste y necesito a alguien sin forma», me dijo:
con la corbata aquella tan estrecha;
con la sonrisa aquella, siniestra.
Y la intrusa ocupó el sitio ¡mi sitio!
donde cabía por su ingenuidad.
La corbata no lo pudo ahorcar entonces.

Salí del baño corriendo
tropecé con los cuadros de la familia
que me hablaban como los de las películas infantiles
de todo lo perdido.
No sólo ella enloqueció, ¡yo también!
Luego, el vestido se convirtió en cortina
–antes fue usado en los parques, en los mercados,
en todo aquello que no pedía ser trascendental.

Cortinas que cierran y abren pasadizos
–rayas diagonales que hicieron rutas
y por ella me fui, de mí, de ti,
de todos los demás.

III.

Después, tuve una hija que se llama Elis
(la tuya nació casi al unísono, se llama Liz).
Una letra que falta, otra diferente que cierra.
La pura coincidencia.
No lo sabíamos.
Aún no lo sabemos
Sospechábamos.

Destinos que marcan líneas estrechándose
sobre letras distintas
(en apariencia)
hasta ahogarnos.
La fatalidad fue haber pasado aquel día
encerrada en el baño con el vestido lila.
No sé por qué recuerdo tanto ese vestido
donde unas líneas claras se tragan otras definidas.

Fue un olvido
difícil de imitar,
de perseguir
en ninguna de las obras que conozco
—aquellos pasajes musicales hacia donde nos enviaron
con reclamos de un porvenir que no llegó—
y la cortina se deshizo
en lágrimas.

La niña del portarretrato de plata

Los botones fueron desprendiéndose con sabiduría
y paciencia
cada año, cada mes, cada día.
Esa botonadura completa me cuesta hoy lágrimas.
Subida al pedestal de una mesa
con el pelo recogido
seguirás siendo una niña
que no soy yo:
la niña del portarretrato de plata.
Aunque no quepan tus pestañas
contra el cristal y finjas
seguridad
porvenir
seguirás siendo la hija o tal vez
me convertiré, pausadamente, en ti
(sería más cómodo convertirme en ti).
Ser hija de «Luvia», de «María Pepa»,
de «Ecorio» y «Rubia», tus muñecos preferidos,
fantasmas.
Sus voces no se van a escapar
del cubo donde echabas los juguetes.

Pero sólo tengo un marco de plata donde colocar
de regreso, tu infancia.
La foto con la bata; los botones, al frente
–los botones son vanidad para los Amich –dicen,
para nosotros, elegancia, amarre,
posesión.

Escenario arriba

La última cama que tuviste fue en la sala
con un colchón tirado en el piso
donde estabas incómoda
y la ventana cubierta por una sobrecama
de lana.
¡Este fue el último escenario que te pude dar!
Detrás de los cristales
la paciencia de recordar
aquellos bailes celtas bajo la luna de mayo.
–¡Bájate del muro!– gritaba.

 Los codos prietos contra la piedra
que ahora pretendes blanquear.
El «chupa chupa» de la merienda
(entre tantas otras «a»)
abecedario suelto por la tendedera
a la intemperie
vulgar
como los trapitos de la pobreza
que se llamaban «prendas».

No tenemos jardín, tenemos azotea.
No tenemos fotos de esa época
(porque los viejos rollos rusos
se nublaron velozmente
como ocurre con la miseria
que es rapaz y nos devela

en las gavetas
ansiedad).

Pedacitos de lazos, hebillitas, sacapuntas,
consuelos que para nada servirán
es lo que habrá.

«Orégano, mamá»

El viento sopla y sigue
su curso
no se revienta
–como los granos del almuerzo–,
porque ha venido de lejos
hasta un día
desperdigado
como los hijos
donde la mano del orégano no los puede
atrapar.
Se termina el orégano
que echas en la sopa diaria.
¿Qué puede el poema contra
el frasco vacío de la especie
que ella mandó
y ahora quemo en la sartén
con platos que no comerá?

¡Sopas insípidas!
–días sin ella–,
pelícanos que regresan
a un mar contaminado,
al que no puede regresar.

II.

Me dan espejuelos de vidrio
que pasan por su luz
burbujas congeladas
(tal vez veo mejor;
tal vez recuerdo más)
por ese prisma donde el orégano deja
un rastro
—no en la lengua, sino en el dolor.

Cenizas verdes sobre el ancho y vacío
espectáculo
lleno de peces nuevos
desconocidos
(flóculos)
en los ojos
bajo cielos
nublados.

Otro pino

Abajo, el arbolito tiene una apariencia normal.
El niño pregunta «si su peso es normal».
Junto a las bolas las esferas dobles cuelgan
el dolor (doble también)
con el esfuerzo que carga
su ingenuidad.
No se si este dolor es normal.
No me asomo a despedirlos,
¿por qué tendría que hacerlo?

Las luces coloridas son normales por estos días,
saltan de aquí para allá
obstáculos
de otra guirnalda apagada
hace muchísimos años en Marianao,
entre abrazos que se dan
—sin consecuencias—
en una escalera
que no es un arpegio
ni otra posibilidad.

Miré otra vez…

La calle parece
partida por la mitad
un cráter
al centro
su aire dibuja
figuras incompletas:
veo un mosaico caer,
venirse abajo
desde su soledad
sobre el ala de un ave nocturna
que chilla
intenta sostenerse como ella
y ya no canta más.

Las luces me engañan
a sabiendas de que moriré como ellas
opacamente.

Miré otra vez la intensidad de esas luces
fatuas
han pasado los años
ahora son más frías
y están parpadeando
(como yo)
buscando otra luz que atraviese
la frialdad
y acepte su malograda
intensidad.

Otro escenario para lo imposible

Todo parece natural: las flores disparejas,
el pelo bordeando el hombro,
la blancura de la bata semi trasparente
como un verbo desaparecido
hace ilusión de retroceso
cuando en escala inversa
finge no conjugar
un cuerpo.
Las flores ríen, el sillón no se mueve
(me conmueve)
y el incienso baja más que perfume
maderable
olor que proviene de quienes se pudren vivos.
Por eso, al paso de una melodía que no me incluye
te espero
cuando el sonido «penetra por los dedos»
que la artritis no puede calmar ya.

Su voz, Bim Bom

> […] salieron los payasos Bim Bom,
> y están haciendo música con peines, martillitos,
> armónicas, y un piano infantil do-re-mi-fa
> y sol-fa-mi-re-do.
>
> Osip Mandelstam

Su voz —como la de ese piano
donde los payasos
juegan
a comprometernos con la brisa
al practicar su rutina
—que es vulgar y efímera—,
pero siempre infantil
hace vital el día
por debajo
de la puerta entrejunta,
de mi renuncia
por las carencias
donde dejo un paraguas
 y la inseguridad.
¿Qué importa que haya tanta distancia en una escala
si el acorde logrará por momentos su turbulencia?

El niño me dice con su voz que es capaz
de esperarme y retroceder
mientras tamborilea en la madera dedos prietos;
uñas que arrancaron del mal, la opacidad.

Sólo los payasos saben ¡cuánto cuesta una fiesta!
Sentir cuando no hay más que un maquillaje pobre
y lentejuelas que caen a buchitos dorando la espalda,
contra la maldad de unos vecinos,
que averiguan y averiguan
por impotencia.

¿Cuánto cuesta la astucia de resucitar
de la infelicidad?

He vuelto a ti, la niña en el borde
transparente de la mesa
con su bata blanca
esperando la oportunidad
—comprometida con la vida que es salobre
como esas notas,
envueltas en la ansiedad de una canción
suficiente para estar en la llamada
de «un piano infantil do-re-mi-fa…»
que no se identifica y me conmueve.
Como conmueve una añoranza que no es vivir,
pero lo parece.

Suena la armónica y tu voz se escucha
simpática por momentos,
por momentos, feroz.

El golpe, la explicación

Me puso la cabeza entre las manos
para que le curara una herida
que no sangró
y no pude tocarla.
Le di la vieja pomada casi vacía
en un tubo aplastado por otros dolores.
Me alejé con cualquier pretexto
menos perturbador.

El día de ayer pasó y ahora tendré
tiempo de sobra para esperar
oyendo canciones de James Blunt
entre un poema y otro.
Cosiéndolos.
Remendándolos con música.
Lo mismo que la indiferencia afuera
es este arrebato por dentro:
contradicción del tiempo corto para mí,
enorme para él como pradera
que intento sembrar con explicaciones.

Alguien me arrebata además de la cordura
el suero ámbar de sus ojos
que provoca
besar su cabeza
detenerme en los brazos del sillón,
agarrarme como pueda
y no ceder.

ii. Epílogo

Vuelto a la historia de Kinoé y el Príncipe,
en la «Corrupción de un ángel»:
él nunca la hubiera invitado a aquella fiesta
pero, por si acaso,
ella le diría que estaba muy enferma.
Y que no podría ir.

Todavía estás sentado allí

Vas de un sitio a otro
buscando el lugar definitivo
porque el sol te castiga y persigue
en esta tarde que se va.
Indiscretos cristales amarillos que resaltan
un brillo que mata.
Pero, desde la esquina
–será por el reflejo del vaso azul
y la cuchara plateada;
será por las flores amargas
(¿almendras?, dices).
Será por los ojos de mi hermano en el hospital
«Inita, Inita, ¿qué haces aquí?»
que te veo, uno lejano antes;
otro salvaje luego,
animal que siempre cambia
de cobijo o de dueño.
Y me quedaría con ese momento cortado
por las tijeras de aprovechar la realidad
(las pequeñas tijeras del nacimiento que no te quise dar)
entre las horas de una conversación literaria
pasando por encima de nuestras cabezas
desde una esquina o ángulo
que sabe disimular bien las causas
–las excusas–
del tiempo.

Nadie sabía que la muerte vendría a sus ojos
(remendando con vulgaridad una frase de Pavese)
al sonar la cuchara sobre la bandeja metálica del hospital
y reventar después
con impaciencia
sobre la calle.

Same Mistake

En cada movimiento veo lo que quisiera ver.
En cada lectura hago otras y aparento
una inteligencia que no tengo.
¡Qué tristeza!
Pregunto a las letras: ¿qué dirán?
¿Qué poesía traen a mí
cansada de tanto poetizar la realidad?
¡Estoy viviendo en las canciones!
y me armo de valor
como una adolescente
soporto la desconfianza de sus letras.
Tengo miedo de la lectura que las canciones dan
sin saber que cometo el mismo error
de siempre.

Metrónomo

En el momento de romper su última envoltura
ella sabía proporcionarse
lo que la vida rehúsa darnos.
¿Consuelo? ¿Imaginación? ¿Fantasía?
Se había perdido en la carrera su deseo
y se sentía culpable
aplastada,
pero vencía hasta las mismas líneas
que la conformaban.
«Lo difícil, decía, no era darse, sino
no darse por entero».
Medirse.
Ella sabía convertir una cosa en otra:
un bemol por un sostenido;
un silencio prolongado
(su imposibilidad trucada siempre).
¿Hasta cuándo sería esto?
Sabía, que no podía engañarse más,
sacar sonidos de los desfiladeros;
miradas de rechazos, por miradas de deseo
(mover las fusas como podemos mover
aspiraciones).
Mover el miedo ¡eso si era serio!
tratar de hacer alguna cosa con él
volverlo un desafío
u otra oscilación del péndulo.

Aurora boreal

> Mientras menos estimamos los bienes materiales, más fácilmente los damos y los tomamos, y menos agradecidos nos sentimos por ellos.
>
> Marina

Seguimos bajando y subiendo hasta el Kremlin
(la torre parece de juguete)
y Asia se la quiere llevar en el trineo
por reyes –como yo, buscando en los escaparates–,
ropa de lana que regalar
panes que darle a otros por Navidad
a sabiendas, como dijo ella, de que el pan
no merece gratitud alguna.
Pero todo va quedando abierto y vacío
despoblado casi
sin intercambios.

«El trineo es de Asia»
y Marina viene forrada de piel de tigre
que Mandelstam llamara: «un leopardo».
En el trineo vamos también con María
que acaba de parir una niña
(la primera nieta de él).
Lia, se llamará.

«De mi anular a tu meñique» –me ha dicho.

Y pongo la piedra de gato,
su carita de plata simpática
que me defiende de la tempestad
–recién nacido también él–
como niña o animalito que llegarán a pesar de los nudos
a esta isla de azúcar que no es nieve,
pero que fingirá serlo y crecer
en el invierno de la costa
como fingí ser aurora boreal una vez
en sus párpados.

¡No sé por qué dejaste que una nevada fuera la causa
y también la consecuencia del extravío!
No tengo hermana
–ni diente blanquísimo afilado para marcar
un territorio por donde acudir cuando el trineo
salte volcándose
y nos derribe ¡más allá de lo que ya estamos!
Cuando te diga que no es el Kremlin lo que vemos
ni mi nieta la tuya será.
Que en mi delirio,
sabré que no es Marina con Asia ajustando
esas pieles a los contornos de un mapa
o de un laberinto la que llega.

Otro fraude, decir que en Navidad nos emparentamos
al traer un regalo sin tigre sin pieles ni trineo:
un abrazo de Mandelstam:
un leopardo sacrificado que robó
para su cuello.

Sólo un pobre gato vagabundo en mi dedo
señala cuánto esconde
su soledad
y sabe cómo lame
sin ser leopardo.

¡Ah!, Marina, tú día

«Asierro la madera»
—enciendes la estufa—
«...lavo en agua helada las patatas
que después hiervo en el samovar».
Todo es antiguo: el samovar, las patatas, el día.
La estufa con carbones encendidos
el vestido de fustán marrón
—siempre el mismo—
con el que también duermo.
El cubo, ¿habrá una plegaria al cubo? —me pregunto—
cuando la hagas comprenderás
que el cubo es el corazón de la casa
donde destilan
la estufa, el samovar
y los ojos pardos grises de la niña.
«Sin el cubo no se podría vivir».

Charcos por todas partes, suspiros
«¡un deseo obstinado de que el suelo esté limpio!»
Y rechine.
El agua también es prestada
—la miseria no.
Un vecino me da fósforos, panes, aserrín...
Los utensilios también son ajenos
(los tomamos y nos separamos de ellos
sin dolor ni confianza).
«La llave del servicio colgada al cuello»

no es un crucifijo ni una perla
no abre otras entradas
más que esa, hacia el jardín de los niños
donde dan la ración suplementaria
y «ni un dedo libre» queda ya.

Al regreso desato a la niña,
hace poco se comió
media col cruda
y se quedó rendida
amarrada a la sillita
entonces
escribo, fumo y escribo
lo que queda.

Lo que va quedando…
Muy de noche corto madera para el día siguiente.

¡Ah!, Marina, la noche

...yo no quería contar más que mi día.

Subo a la buhardilla
por una cuerda
   (la escalera se ha quemado)
bajo de nuevo en busca de un libro
–el piso está frío, helado y quema–
la planta de los pies.
Atravieso «siete puertas cerradas».
El timbre
«no funciona desde el comienzo de la revolución.»
Inútil y todo, ¡se lo robaron!
Ahora hay una aldaba,
pero nadie llega
ni pregunta por Marina:
«Marina, hija, ¿dónde te metes?»

Bajamos a oscuras Alia y yo
que ya no nos sujetamos
(la barandilla también se ha quemado)
y volamos prendidas
al murmullo de la aldaba.
Pero tal vez nunca bajamos
y siempre permanecimos arriba,
con las letras sostenidas de una plegaria
a la sopa
entre nudos de la cuerda

(y del caldo)
con la que me ahorcaría cada noche
como una patata más.

«La noción en general, redonda.»
«La encarnación, aguda»
–le rectifico a ella.
Alia no comprende todavía que no es de noción o encarnación
bajo de la buhardilla
donde está Goethe,
haciendo su lectura en voz alta
cuando la aldaba suena
y entro.

Si este invierno pasa...

                Lo que se ha sumergido en las aguas del miedo
                y el soborno...

¿Qué he dicho que no sea dolor?
No doloroso, sino dolor a secas
de ese que puede tener humor
y ganas de repetirse morbosamente,
porque es tan humano como el pan
que no requiere retórica
ni sentimientos
para expresarse.

Saco la cuenta con los dedos
ábacos
de los años transcurridos
desde entonces
y en mi cuenta vulgar
resucita otra miseria
—no menos vulgar y tediosa
que la nuestra.
Ojo, el error fatal de este invierno
es que no vendrá otro peor
cuando caminamos hacia delante pensando
en cómo retroceder.

¡Si supiéramos!

No una mesa de abedul de Carelia
pondría en mi cuarto
–mi estudio preguntaste ¿dónde estaba?–
y te enseñé la mesa de pinotea
carcomida por ancianos insectos
que ni revolotean ya
de tantas vueltas que han dado
a su soledad.
Donde «ni un rábano»
–como diría mi madre–
saldrá de esta comedia
florecido o picante
y no dará más que para otro invierno
sin salvoconducto a otros inviernos.

Merodeo por falsos mercados
(me asustan cada vez más,
las frases preposicionales y los deseos).
«No hagas que golpeen hasta la muerte
a quien tenga azúcar y manteca.»
No abras la puerta, no aparezcas.
¡Ríndete ya!

El cuadro

para Roger Aguila

Ayer murió su pintor
y el cuadro adquiere con su muerte
un resplandor de otras vidas y nombres
que íbamos a vivir.
«Se llama aureola», dijo él.
«Se llama cansancio», aseguró ella.
La mujer se llamaba ¿Amanda?
¿Se llamaba Lisa?
¿Se llamaba Marina?
Nunca tuvo nombre ni porvenir.
De la muerte de esos nombres en nosotros
se trata, al querer revivir su figura
cuando la perpetuó efímera sobre la pared
en aquella ciudad que lo arruinó
completamente.

Siempre fue un fantasma:
una mujer velada
un disfraz
entre verdes rayas a lápiz
y luz de atardecer
cuando rutas indiscretas
sobresalen
borrosas ya
su desperdicio de color
de sombras.

Un puntillo

¿En qué momento dejé de vivir?
Fue hace años ¡ya ni lo recuerdo!
algo me paralizó
¿una desventura? ¿un golpe?
Entonces empecé a sobrevivir,
a comer lo imprescindible sin masticar;
a fugarme de cualquier riesgo;
a convertirme en una planta parásita
contra un muro.
«Manitos de dios» es el nombre de esa planta
que en mis manos temblorosas
crece para romper lo efímero
que da terror y desasosiego,
pero a la vez, deseo.

Y me convertí en un gesto
(disimulado)
«de insecto caído en aceite hirviendo».
Cuando empecé a tocar con la mano izquierda
–los mutilados de la guerra tocaban así –dijiste,
«piezas para la mano izquierda»
escritura para zurdos
sin contrapunto
por impotencia.

¡Hay tanta maravilla!

> En la novela de Bernhard, Glenn muere de modo
> romántico, tocando las Variaciones Goldberg...
> Don Delillo

No tuve tiempo de «asomarme a la maravilla»
y la maravilla se fugó del balcón
mientras la vigilaba desde mi sillón de orejas
(el sillón de Bernhard)
donde me aposenté para no permitir un paso en falso,
un desvío más.
Y, a pesar de las acrobacias que hacía por alcanzarla,
ella escapaba más allá del océano;
escapaban también las notas superpuestas
tocando malamente las Variaciones Goldberg,
más allá de las rocas temblorosas de la otra orilla
donde el mar penetró hasta el muro
partiéndolo ante mi vista.

«Sólo sé que he fingido» decía Glenn Gould,
desde su sillón de orejas a mi oído
y tuve que comer un dulce de crema amarilla
(vencida)
para creerme algo dulce en la boca.
Convertirme en una sonámbula,
ya que mi existencia
no era más que «una existencia sonámbula»
y su artificialidad me desgastaba

como la del libro, «Tala».
«Porque todos nosotros nos hemos criado en la
/ artificiosidad»
repetía, desde su sillón carmelita
donde abuela escondía unos ojos tan verdes que no veían
mi indiferencia.
No se trata del miedo, sino de lo que haces con él
en una vida mentida
que ya no tiene salvación ni consuelo.
Mientras la maravilla avanza, se repliega,
la música desaparece
se esconde
por no ser ya consuelo
cuando todo lo que parecía verdad se ha vuelto
tan superfluo como el viento.

Ojos negros

No era mi padre con sus anchos pantalones de hilo blanco.
Era Marcelo Mastroianni
con su pelo negro todavía, una mota echada hacia atrás,
a lo Elvis.
Sonrisa de labios finos, encima, las tiesas pestañas,
su coquetería.
Uno espera una total entrega suya
y el personaje, luego, nos defrauda,
porque no se va de nuevo en busca
de aquella mujer rusa
(antes la había buscado en San Petersburgo,
¡tan lejos!
habría levantado cada piedra por ella).
Ahora, navega como camarero
despojado del pasado y su fe.
Entonces, descubrí, que no era mi padre
–él hubiera llegado hasta el final por la mujer rusa.
Él, «que todo lo aguantaba por amor», decía.

Los gitanos siguieron cantando y bailando con sus carros
sobre la estepa húmeda:
«¡Espérenme! ¡Espérenme!»
fue su grito final de personaje.
Pero ellos no se detuvieron
(ni ella tampoco).
Sólo el amor regresa, vuelve, al mismo barco
que navega hacia América

donde ella se oculta con su velo y la niebla
del pasado
y él le sirve otra copa de champang
que comparten en la proa.

Mi padre, finalmente, lo deja todo
–también su vida– y aún joven,
recupera bajo el agua
su pasión.

II.

Pero el agua era un bote pequeño.
Un bote (sin camarotes) tambaleante,
con música vulgar de bares al fondo, en Cojímar
donde remábamos a pesar de la profunda corriente del río
que, al unísono, sobre las gotas,
arrastraba fango
sin percatarnos, de la mordedura de la morena verde
escondida en la roca
mi padre y yo.
Él subía su voz tan fuerte entonces
y me abrazaba
cuando el agua temblaba más de lo debido.
Desde el fondo, los peces envidiaban la canción
que entonábamos
a sabiendas
«de que el deseo es lo desconocido
y sobre lo desconocido no podíamos tener
ninguna pretensión» ni confianza.

III.

Luego, varados junto al cayito
entrábamos al mar que tenía un línea perceptible
entre la limpieza y la suciedad del río
tan marcada en el límite como una ilusión
de que todo lo haríamos juntos en la vida
a pesar de aquel color cambiado,
de aquella época de tránsito
(como siempre fueron las épocas vacías).
Pero, en su proceso, la vida nos separó
dejándolo para un domingo, en marzo,
de personaje en la película que lo recuerda
como actor italiano
padre de hija sin padre ni hermano,
de amigos que se fueron también con la resaca
contra el vaivén de un barco pequeño
donde llevo años bajo una sombrilla
protegiendo todavía a mi hija
para dejarla allí, al descubierto,
a la intemperie también,
en el desamparo de un país que es un bote, una isla,
donde todos parten sin regreso
como en la película.

IV.

Después, no sabía qué hacer con la nostalgia del mar
(palabra blanda, sutil)
incapaz de colaborar con la realidad
que enmarca como en cuadro triste, todo esto
con lo que uno se parapeta y se desprende
de alguien
sin ser paisaje ni contemplación
entre líneas opacas, barcos sonámbulos,
memorias
que no quieren morir como esos peces
frágiles y fríos a sus pies.

v.

La piedra tenía cara de oso polar por un lado
y parecía un jabón por el otro.
La encontramos en Santa Fe
a la entrada del verano
mi padre, mi hermano y yo.
Fue el último día que nos bañamos juntos
en aquella playa rocosa.
Veo aún a mi padre con las olas en las rodillas
tan contento diciéndonos: «siempre vengan aquí
cuando yo no esté».
Esa tarde recogimos la piedra que fue su lápida.
El jabón se deshizo en pequeñas partículas
esmeriladas
por la constancia del uso
y el oso fue de pronto otro animal extraño,
irreconocible
y pacífico.
¡Jamás volvimos a Santa Fe!

Mar de leva

a Emil

El niño mira al mar que se levanta y salpica
toda la calle.
Estamos enfrente y sobre tus hombros,
su pelo tirado hacia atrás por el viento
hace un gesto de felicidad.
Ve barcos que no han llegado;
cometas que las nubes traen
(azules, marrones, fresa)
como helados con espuma de frutas
que compartíamos
y me asomo con su mirada a ese futuro
donde no estaré.
Baja y me toma de la mano:
«te voy a construir un barco grande –me dice–
vamos por el martillo y la lienza».
(Eso nunca me lo dijeron los hijos).

«Un barco-casa para resistir la soledad».
Le digo: «es marzo ya, apresurémonos».
«¿Qué es marzo?» –pregunta con asombro.
«¿Una cometa? ¿El mar?»
«Es un mes con viento de galerna» –le respondo.
«Y galerna, ¿qué es?»
Apenas sabe pronunciar la nueva palabra
abstracta para él.

Sufro por no poder explicar con exactitud
su significado y comprendo
que la palabra deja de ser específica
apretujada
entre viento y mar se vuelve
oscura a lo lejos
como un barco
del que no podemos distinguir bandera o color
frente al mar de leva que penetra las casas,
los huesos y la dejo así,
sin definición
petrificada
frente a nosotros
como un ancla.

Resaca

></br>La naturaleza suena en el aire, pero resuena en el alma.

Cuando el Malecón empieza a desbordarse
caen en la acera tablas del piano,
flores pintadas a mano van saliendo a flote
no como decoración, sino como dolor.
El tiempo retorna, se revierte
y necesito de esa reversibilidad para existir.
El ruido de sus olas no me ha dejado
entre compases de los que no me arrepentiré
incluso, arrepentida de no hallar una octava
en proporción para mi mano
que alcance su horizonte.

El temblor de una cuerda,
la vibración de una columna de aire
sin obstrucción
por la que apostaría:
un retorno siempre es insertarse
entre las nuevas olas
—tonos altos, tonos bajos, semi tonos—,
una progresión que protege un estilo
para defendernos de tal indefensión;
un estribillo que nos quita el miedo
a la tempestad, pero nos calma.

El golpe del mar feroz este día
y luego, su solapada tranquilidad
que no se confunde con otros sonidos
ni se queja, pero mata.
¡Me habré ahogado en él tantas veces
repetitivas y diversas!
Que aprendí con precaución a flotar con un estribillo
entre los dientes,
a convencerme sola de mi imposibilidad
(mi confianza absoluta)
al mirarlo enfurecerse
tranquilizar
su raya gris
contra la quilla
sobre el puente móvil desprendido
de un instrumento que suena
por todo el tiempo que perdió
entre dos aguas.

Solitarios en el marabuzal

> Quien se acercaba al Castillo era como un viajero
> de los tiempos antiguos, solitario en la nieve.
>
> Roberto Calasso

Una pequeña hormiga en mi página
(sabe que si cierro la libreta morirá
o no sabe nada y se apura porque sí).
Corremos nosotros del temporal, de la lava,
antes que la lluvia que es candela o agua
arrecie.
Llegamos a la colina
(la página de la hormiga)
es una zona militar, nos dicen,
como es casi todo aquí.
Osvaldo me arrastra casi para llegar
hasta el Cristo encima de la bahía.
Marabuzal sobre luces de barcos anclados
hace milenios allí.
Herrumbre romántica que nos solapa
de las inclemencias de haber nacido en una isla.
La hormiga sigue haciendo zigzag
escabulléndose con vértigo de la tapa dura y negra
que la aplastará
(un trueno)
ilumina un camino
para avanzar después:
parece libertad.

Sigo el trillo con él, siempre subiendo.
Su mano ancha, gigante, se suelta de la mía
que resbala
y me pierdo entre una página y otra sin llegar,
sin ver más
el agua o aquel fuego
de una antorcha a lo lejos.

Nada

Caminé buscando «nada»
y por eso, la nada hallé.
Era mejor no haber salido a caminar
por mis talones rotos
por el dolor punzante
en el ovario
por el día gris donde la gente
miente más por el frío agresor
que por la cola de papas que ya dobla la esquina.
Y el viejo trae una gorra rusa en la cabeza;
la vieja un abrigo que antes fue rojo
del tiempo de una guerra pasada que admiró
(ahora anaranjado por el sol)
tan antiguo como mi nacimiento
que huele a mar también.

¡Todo mezclado!

Colores que se fueron,
vapor
de unas velas que se desgastan por el tedio
y no vendrás antes de abril −supongo−
(volaré sola otra vez)
−con ese riesgo de volver y devolver
lo que puede un pobre cuerpo−
helado en marzo
es-ca-lo-friante

como en las películas de terror
y no haré nada más, porque
mis ojos sólo encuentran
esa materia acolchada
y vacía
que se ha vuelto tiempo
donde ni las estaciones cambian ya.

Vagamos en Do sostenido
encerrados en esa nota
repetitiva
sin comprender la progresión
de su avalancha
entre intervalos
que no nos puedan rescatar
de la miseria.

Tarde de marzo (cinco años después)

Siempre prendida de esa frase
«¿y después?»
sólo los poemas resucitan,
uno tras otro
recordándonos con su obsesión
algo desprendido
que se revierte sobre ellos mismos:
un fragmento de la situación
una esquirla
(melodramática)
sacada con el filo de un cuchillo de madera
labrado.
Un abre cartas ¡que nunca abrió nada!
(Lo que la memoria ha perdido es lo mejor, seguro,
del filo, del fragmento).
Ella se agita borrando esa tajada
—su proporción—
para que podamos resistir.

Anudo un pañuelo contra la ronquera
que produce el miedo y sigo así,
aparentemente detenida,
pero pasaron cinco largos años
a tu escrutinio, a mi dolor.

Confianza

El escritorio de caoba se fue llenando de comején
como el piano
y los huesos
quebradizos al bajar:
«la existencia del escritor depende realmente
del escritorio» –dijo Kafka.
¡Perdí el mío hace tantos años!
La existencia de la música depende también
de un instrumento:
«…no tenemos música, tenemos lluvia»
seguía él gritando.
No tenemos cartas de amor
entre esa «O» redondeada del deseo
incorruptible
con sus terminaciones asonantadas
por las que caminaba,
tocaba
sentía
amaba.

Obispo es y no es una calle

> El tambor –como el tambor que nadie puede oír
> sin sentirlo profundamente en el pecho...
>
> Gunnar Ekelöf

Bajo por Obispo buscando cosas chatas
(íntima, luz, desodorante).
Gasto una caminata en alpiste para pájaros extraños
que invaden la casa
y vienen por migajas que no hay.
La gente comenta de arrestos, despedidas.
Sobre los mostradores cruzan los codos
y la paciencia.
Hablan de viajes que salvarán,
de regresos probables
(de contactos)
o visas negadas para imposibles
pases a la prosperidad.
En la cocina recaliento a la vuelta,
«sopa de arroz»
nimiedades, consuelos
a qué aferrarme.
¿Qué más nos pueden quitar?

«Un tambor de piel de cordero enmudece
ante uno de piel de lobo?»
¿Sabías eso?
Así nosotros enmudecemos ante el peligro

de una calle y un sonido
devorándolo todo.

Querido Carlos Augusto:

(Que no eres el emperador, sino un poeta).

«Comer y tener fuerzas para llegar hasta ti»
—dice tu correo de ayer.
Acabo de enviarte galletas, té…
¡Y esperanzas!
Cuadritos de esperanza.
¿Qué más puedo dar?
La cola sigue siniestra bordeando la calle siniestra.
Mientras, dentro de la película, recorro otra vez
El Hermitage
y tu voz conversa conmigo
en el límite del cerco, de la película.
Alguien se lanza contra un cristal;
otra conversa en voz alta por la acera contraria,
diciendo que
«nada le podrá regalar a su nieta por los quince años».
¡Locura nacional!

«Comer y tener fuerzas para llegar hasta ti», repites.
Me duele tu impotencia, tanto como la mía.
Los cuadros del Hermitage se vuelven espectros monárquicos
donde una perdiz vuela pidiéndole a la
«Virgen de las perdices»
y el loco con su arca cargada de impotencia
sale hacia un mar que nos rodea
helándose

–como nosotros salimos
hacia la alegoría–
sin más contacto con la piel,
sin deseos casi.

No es un pisapapel el cerco de los condenados
en este infierno.
No es una postal
donde la boca recorre otra boca,
su necesidad de alimentos, de confianza.
No hay marco dorado ni corona de olivos.
El arpa es lo que veo
(no el «Arca rusa» de Sokúrov).
Una mujer gordísima intentando afinar sus cuerdas doradas.
No puede tocar una mujer así,
mata el temblor del sonido que atraviesa su imagen.

Como tu correo mata esta mañana,
cualquier intento de lirismo
y me aferro al borde de la nota más alterada de este invierno,
más sobresaliente en el límite de la razón
que no termina, nos lastima y ofende.
Recorridos los cuadros –sus notas– sabemos
que no quedará más que una versión
condenada de todo esto que sufrimos
y no nos atrevemos a delatar en la escritura.

Paso por la acera diciendo en voz alta
«que un poeta no puede sobrevivir tampoco».
Y ¿qué le puedo regalar a un poeta
que no es el busto de un emperador

aunque lleve su nombre?
¿A quién le importa su miseria?
Nadie vuelve la vista.
Los otros están tan necesitados
como los dedos de la mujer sobre el arpa
cortando los espacios, las pausas,
intentando sonar
ensimismada
bajo un cielo sin perdices
esperando
que aparezca sobre el agua contaminada la virgen
sin tener el valor de creernos
diferentes.

La mujer sigue tocando el arpa.
Después, baja del escenario
del- ga- dí- si- ma
como una hilacha.
Nosotros también nos desinflamos
desde otro escenario
por un desnivel de intensidad sostenida.
Deshilachados, sin notas ni letras para soportar
(el costo de no ser emperadores ni reinas)
en esta catástrofe menor de ser
poetas y no darnos por vencidos
todavía.

Presentimientos, confesiones

La madera se ha vuelto blanda y gris, el polvo
no quiere salir ya del suelo aunque lo barra,
se prende a la porosidad,
a los huecos del cemento.
«Es el tiempo de los momentos prendidos»,
dicen bajo lozas, las bacterias
y se agitan.

Por eso, es el tiempo del desprendimiento
cuando las algas se desparraman en imágenes
queriendo usurpar una voz,
su intensidad:
ella se agarra, resbala, se esfuerza,
pero no viene conmigo
ni te rescata hacia ese otro tiempo
donde nos esforzamos en permanecer
alejados
vibrantes.

Tengo presentimientos sobre un final
–no terrible, no feliz, no infeliz–
simplemente una fuga
(la contemplación de una paraje al que nunca fui).
Me preparo para ese final
me consuelo
su verdad me agita,

no la divulgo
y la espero
con ansiedad.

Por eso…

Por eso, no creo que tenga edades ni estaciones:
aquel temblor senil del prieto pan de anoche
con semillas, nueces,
corazones que envejecieron
en la oposición de nuestras manos
y bocas.
Las uñas al rente, cortadas con filo
y la franja de vellos en la barbilla
queriendo fingir una adultez que muere en la mirada.
¡No me gusta ver ese flequillo allí!
¿Para cuántas poses y poemas darás?
¡Aún no lo sé!

Cruzaré el mar de nuevo, la tempestad.
Aún espero verte regresar
envejecido también
como regresa cada día
la astucia a tu boca.

Con esa ligera capa de musgo en la barbilla,
blanca, despeluzada y fina,
«puede uno atreverse a todo»
puede uno rendirse también
a tus pies.

Cuerpo a cuerpo

> Abrir paso a estas voces que trabajan una escritura cuerpo a cuerpo.
>
> A. F.

I.

Cuando toco una tecla,
raspo con los dedos un sonido
–en íntima resonancia de lo que queriendo tocar
no toqué–
y reaparece impresa en el dedo
(sobre la yema)
otra huella dactilar minúscula:
puro espacio entre esa marca
por donde transcurre todo lo que fue prometido
sin la promiscuidad de los escuchas
que de lejos
esperan que algo suene
diferente a nosotros.

II.

Tocas dentro del piano abierto
como un animal indefenso
que a punto de morir se echa sobre su presa
y en mi vientre penetran tus manos
hacia una operación de las cuerdas vocales
(de los vocablos)
mientras que en la escena
el público no sale de su asombro
manoseándome a mí
que vibrando
profundamente
me repliego.

III.

Recostado sobre el piano
vuelvo a sentir
los compases que avanzan, se detienen,
tirados sobre mi
como una misma voz
donde el adentro y el afuera se confunden,
se mezclan
en un acto fonográfico.
Entonces, la voz más alta es grabada
para ser recordada
grabada para ser querida
y no será sustituida por otra voz
que venga ahora
aunque la necesite.

Música fantasma

> Semejantes cenizas a veces reavivan un deseo…
> J. D.

La música que escuchas conmigo
hace temblar el fantasma de otra mujer
en el fondo de la palabra
porque trae ondas, pulsiones, ruegos,
menosprecios
es una voz traicionera, ¡no te engañes!
–falsificadora a más no poder–
de aquella voz que a los diez y seis años
su música traía
entre el ojo y el oído
reservados
para el humo que se eleva
y pierde
incinerando
todo lo que en sus alrededores pasa.

La había dejado hecha y sin ser
(una copia mala)
sin poder parecerse o recuperarse a sí misma,
sin hacer un sacrificio en pos del Don
que no ofrece resistencia
cuando acaricié la ceniza de un cuerpo,
tras la ceniza de una melodía
–aquellos tipos de cenizas dejados por el fuego

que queman madera
y lucidez.

Ahora es demasiado tarde para rescatar
un dónde, un ahí, un cómo,
que fueron desprendiéndose en virutas
de los acontecimientos
para no dejar ni siquiera el poder de la música
que nos acompañaba al comienzo
al alcance de la mano.

Encerrados en ámbar

«Como el insecto encerrado en el ámbar»
ha pasado el tren y lo ha dejado
rígido
buscando acaso, gestos minúsculos
que puedan alterar la condición de su vida
(si es que, ¡a aquello puede llamársele vivir!).
El insecto puja
—lo llevo en el dedo, en el cuello, en las orejas—
reivindicando
su don de empequeñecerse
cuando el tiempo que es siempre fuga
pasa frente a él
que se ha enquistado
hasta la distancia de una baratija.

Sólo con alguna luz blanca
puede concedérsele personalidad
mientras es fósil y oscuro
y está allí resguardado de algo.

En sol mayor

> Este sonido plateado de esta melodía en sol mayor…

La energía que me queda se remueve y salta
en sol mayor bajo la fuga
del viento sur cuando
la fatiga se revuelca entre polvo
y calamidades cotidianas.
¿Si pudiera seguirte?
¿Si pudiera detenerme?

El firmamento tiene un tono azulado
debajo, los pordioseros miran, tiritan,
obstruyen la visión de algo que podría llamarse:
sostener, contemplar, querer.
Me extiendo sobre el papel como una nota falsa
entre líneas blancas, negras
(puntitos atrevidos)
de un pentagrama donde podemos morir
en sol menor sin ser comprendidos o abrazados
jamás.

¡Paren a esas enfermeras que no saben dar treguas!

La energía que me queda supura en una palabra
perversa
con la que pretendo corromperte
suavemente
como si el acorde que me queda

no bastara, insuficiente
para llegar hasta ti.
En el extremo de este hospital
o allá, en el extremo del país, del círculo
de una pústula que me dejó vivir sin saber
ser una muchacha
(pero soy demasiado persona
y hasta para ser un instrumento se necesita ingenuidad,
esbeltez).
Ser una trompeta, un monocordio,
cuesta una forma, una vida.
Soplar, tocar, sufrir, construir una costumbre.
Tener aire, tacto, buena dicción, estilo,
algo que estalle cuando la energía se abarata
y corrompe
hasta llegar a ser una forma metálica,
querible
vertical
que te deja ser una muchacha,
una figura deseada.
Pero me puedo morir sin ser lo que debí ser
para ti.

Los instrumentos se vuelven cada vez
más femeninos
hasta lujuriosos casi.
«Sígueme, detente», nos dicen.
Cuando no esté bajo este firmamento azulado
¿me recordarás?
¿Como instrumento?
¿Cómo muchacha?

El amigo de San Petersburgo

¿Tienes de verdad ese amigo en San Petersburgo?

¿Existe de verdad el amigo de San Petersburgo?
–pregunta el padre a Kafka.
Poco después sabemos
«que el amigo de San Petersburgo
no existe»: ha sido una ficción más del hijo.
El padre se agiganta, se contrae y se retira
desaprobando toda fantasía.

Cada hijo tiene su amigo en San Petersburgo
(aunque sea por un segundo,
ciertos años de silencio o descuido)
al que, alguna vez, confesó sus calamidades,
en carta sin destinatario
donde obtuvo confianza entre un soliloquio,
la aprobación del otro y su miseria.
El otro, tan parecido a él, tan diferente,
se desliza sobre el Neva congelado
o patea caballos de arcilla en un museo
que nunca antes visitó.
El Otro es nuestra convalescencia.

Cada padre, tiene a la vez, su desquite:
decirnos que no existió tal amigo,
que nunca nos visitamos ni vivió allí,
que nadie lo reconocería

y que estamos
privados de la razón.
como fantasmas.
¡Pero esto no nos coge por sorpresa!

Todo acaba

Cuando todo tiende a «acabarse»,
hay que tener respeto por esa palabra
que no comprendemos bien.
Es una orden que alguien da a los objetos,
a esos sonidos que intrigantes,
desfilan para descomponerse
o paralizarse al fin.
Así sucederá es obvio,
aunque no lo queramos creer.
Los órganos reciben una orden, un coágulo
y de pronto,
se atasca algo que nos inmoviliza.
¡No lo sospechábamos siquiera!
Sobreviene la parálisis o mejor,
esa memoria de la muerte que es lo único
cobijado durante años.
Recordamos entonces, no hechos, sino señales
de cómo fue que llegamos
hasta aquí.

Perplejos ante tal impotencia
–aún con tamaña vanidad el ego se resiste
y quiere reseguir, pero es en balde.
Se ha paralizado el reloj personal
y las agujas cuentan más que el deseo
desplomándose:
la caída de un mástil

la caída de un imperio
la caída del sol
la caída de una nota
me lo recuerda a veces.
Una obstrucción y después,
un aro de luz es el principio de sensatez
–de esa escala incomprensible–
redonda, oval, un huevo
con circularidad suficiente,
de la que no puedes evadirte.

Sobre los minuteros, bajo las teclas, ese final
es una especie de juego –de círculo–
que nos envolvía sin darnos cuenta
de la caída de un hombre.

Lo malo está afuera, se llama: flotar

Ella sintió romperse los primeros vidrios
de la ventana y bajó al sótano
llevando la libreta de los apuntes.
Se arrinconó a la espera de un sonido mayor
que de golpe hiciera temblar toda la casa
y desprender su pasado:
un pasado que solamente el río al fluir
bajo sus piedras cubriría
cuando entrar a sus aguas
era la única solución contra el estruendo.
Buscaría la música entre una ola y otra,
seguiría persiguiéndola por la ventana
(aún abierta a costa de sufrir)
en tanto el movimiento del cuerpo la acompañaría
al bajar
tan anegada de palabras y colores como piedras
para hundirse con ellas
como si el pasado
–que fuera siempre gran satisfacción–
se mantuviera aún ileso en el cauce.

Algo de otros tiempos

Recortaba las figuras, las olía, las pegaba
con goma azul, con calma, sobre una libreta rayada.
Papelitos de colores con brillo.
Sabor de granizado de anís y limón.
Pastillas redondas, dulces, en tonos pastel.
Era así ¡de simple y maravillosa la infancia!
Luego, vendría el horror a romper sus lazos.
La zapatilla enfangada se volvería gris
bajo la mesa de hierro
y en sus intersticios tomaríamos té recalentado
–Marina, Asia y yo–
no soda blanca
con helado.

El sabor del anís ha vuelto
cuando el niño quiso tomar un granizado
–también volvieron las luces de los recortables
y la ilusión de que haríamos una vida con jardín.
Todo era posible entonces:
olores, sabores, patines con los que me caí
al hacer volteretas que mi ojo
no puede hacer ya.
El lío no era sólo mirar, sino apresar
durante un descuido de los otros, algo.

¿También tuviste papelitos plateados?
¿Nubes bajas? –te pregunto,

como si en ese recuerdo resucitara un dolor
quemado en la mentira que me dirás
para sentirlo.

Elegiste azul

para Elis

Azul es el color de la verdad, dice la niña.
Es un color antiguo –dice la madre que se aleja
al fondo del espejo donde pretende quedar resguardada
de la realidad.
Por mucho tiempo el techo fue azul pálido
engañándonos
con ser un cielo vulgar, un rascacielo,
una felicidad.
Darte un techo celeste no fue suficiente.
¡Estoy deshecha!
Cada color me ha prometido un recuerdo que se va.
Estaré el tiempo máximo sin verte
y desde ahora
¡se que no podré soportarlo!
Es tu vida que te lleva por delante a la mía
sin recordar cuando fuimos una misma cosa tejida
apretujada
(como el anillo que ese pájaro da como símbolo,
porque hay bichos que aman el azul más que los humanos).

Por eso, te recordaré
en la piedra del dedo bajo el agua
(piedra lunar)
cuando mire
ácua-petróleo-turquesa

recostada sobre el muro
buscándote en otras muchachas azules.
¿Que más te puedo pedir?
Una cinta del pelo que guardaré bajo la almohada
y se agrietará.
Azul es el color de la mentira, digo ahora,
cuando aprendí que los colores irradian despedidas.
El tejido se zafa nuevamente
contra la espuma
desatándote
y ¡no te vuelvo a encontrar!

Como la Nell de Jodie Foster

De nuevo en la película tratas de hallar con gestos
lo que su voz sería.
Lo que una palabra que no quieres pronunciar podría
deshacer o lograr.
Para todos es farsa, mímica, embeleso de actriz.
Para ti que comprendes el origen de esa vocación
intentar el límite
convencerlos.
Ir por ese caminito de las vacas, «tilín, tilín»
mudando la piel
limpiando su excremento.
De encontrar algo se trata:
un olor, un cruce, una nota,
un bostezo.
Pero, la masa es frágil y no se deja convencer
por prejuicios.

Por eso, te has cansado de actuar, como Nell
una muchacha encerrada en un bosque de papel
(recortadito)
que no comprende la civilización ni el odio.

Me preparo para verte llegar, para verte ir...

De nuevo a la actuación,
al prefabricado
—como esos plátanos de injerto
crecen y mueren verdes,
sin madurar, amarillentos,
libres de la vejez—,
una colección de instantes repasados
un arpegio
(mimético)
con ese canto de las ballenas
que no usan lenguaje, sino canción
saltando de un océano al otro;
de un gesto al otro
sincronizado,
pero muerto
arrastrando una capa de musgo,
me preparo para que el tiempo parezca
un mal que debemos obviar
—como si mi boca tuviera la comisura de antes
y mi piel fuera aún fluorescente.

Una ballena apostando por nada
se hunde y sale invicta con su resurrección
cuarenta minutos después
(cuarenta años después)
regresa invicta como ella
del fracaso:

un animal que asusta a los barcos
—una mujer que asusta a los que ama—
bocarriba
planeando este regreso que ha sido tan largo
como el fantasma de la mujer que fue ballena
antes de hundirnos.

En aquel lugar…

En aquel lugar dejé al hombre de mi vida,
porque fue el hombre de mi muerte.
Dejé su olor
contra una sensación húmeda
que viaja entre los dedos,
no en la memoria.
Ella me permitió despedirnos
como si fuera la primera vez
en el párrafo:
aparición-desaparición
cuadro inconcluso
mantel escarlata
un mísero consuelo.

Lo dejé como se deja un bosque
o una sombra
prohibida.

El tamaño de esos pájaros

Si por el sonido juzgara el tamaño
de los pájaros
serían enormes y abrirían con sus picos
el cristal donde se posan a mirarme.
No se qué tipo de pájaros son
ni qué vida tendrán allá afuera.
Los escucho… Sólo los escucho.
Y, al escucharlos, se que están
autoengañados con su canto.

Poco después, alrededor,
un alma-pájaro encalla
dentro de un vidrio cortado a propósito
por donde la luz de abril penetra
como cactus en el desierto
sin frío sin agua sin dolor
y mi sonido quedará aplacado
—sonido asonantado—
que se va y vuelve
autoengañado también
con un pico que algo trae a mi mano.

Si por el sonido juzgara el tamaño
sería un tamaño irreal:
otra convención para sobreestimarnos.

Origami de la voz

La voz de ella
—manejando con audífonos—,
y yo más lejos ahora que en la isla
me acerco,
pero me alejo a la vez
de la que ha sido nuestra vida en común
de una a otra carretera
—un huevo que se rompe en el camino—
atropellado por lo que ella será
por lo que no puedo ser
y doblará en mi imagen
muchas veces
la suya
así como el origami de su voz
finja
que un papel doblado reproduce en el camino
lo que fue en mi.

Te hago un origami

Pusimos palitos sobre las gradas del origami
–y no aprendí a comer
almendras de los árboles–
ni esa salsa tan dulce que brota
de tu bufanda
al bajar
la gradería de papel coloreado
(repintado)
sobre la mesa lisa de nogal
donde no cabían más platos
hasta donde no llega nadie ya.

Origami de la mesa, le digo.
¿Para qué sirve? –me preguntas
y sólo al pasar mi dedo por la frase
reconozco que nunca tuve uno contigo.

La profesora sobre la mesa se delata
cuando trata de seducir al feo visitante
con la copa de vino levantada
mientras relata su historia personal
–como si resultara fácil medir
la dimensión de una vida
contra el vidrio.
Veo sus historias por los ojos de él
que simulan no ver
aquel ojo perdido hacia una esquina.

Mientras hago un origami que me defienda
a mi solita
bajo la luz de otra lámpara de papel
promiscua.

Una caricia en el Epístrofe

Él me pasaba las manos por las piernas
los muslos   las corvas
«la otredad»
yo me entregaba a su caricia
como si fuera lo último que iba a sentir
en esta vida.
Afuera una muchacha exótica nos miraba
del otro lado del cristal
y él la miraba de reojo a ella.
Por más de diez años necesité
esa mano pasando por mis piernas,
como si fuera un puente abierto
a la resurrección
contra la indiferencia
de los transeúntes
¡No podía mirarlo!
Su voz en mis orejas
mi dedo que rozaba de rato en rato
su arete de plata y negro
como un sol triste que se compró en París.
No podía hablar sobre algo
(mentirle tampoco sobre algo)
parecer inteligente o distante.
Sólo quería agarrar su respiración,
entrar por ella
hacia algún detalle nuevo en su mano
manchada

sobre mi pantalón
–no era una caricia erótica la suya
para llegar a un fin–
ni a un restablecimiento de nuestra amistad.
Esa caricia me enrojecía y dejaba indefensa.
Una caricia de perdón tal vez
por su indiferencia.
Una caricia abstracta, la llamaría,
que refractaba aun más su ojo oculto
sobre el otro distante.
Entonces, también le acaricié el cuello, la espalda,
la cabeza canosa como pude
con humildad
contra esa seguridad frágil que aparenta.

¡No se si lograré volver!
No se si lograré volver a este café,
sería mi perdición
resucitar otro sábado de abril
en el Epístrofe.

Respuesta para José B.

¿Desde cuándo te despediste de los hombres?
–me preguntabas ayer.
No creerías el tiempo involucrado en esa respuesta.
El tiempo que ha pasado al voltearme
de un lado al otro
convencida
de no encontrar un abrazo suficiente
para abarcar lo querido
y atravesar la carretera.
No pude responder a ese misterio
de mi psiquis, de mis glándulas.

Recuerdo su pelo enmarañado,
el sabor del wiskey que me quedó en los labios
(sus besos en el hotel Inglaterra donde no había
posibilidad de alquilar para los cubanos todavía).
Fue esa la última sensación que sentí.

¡Qué manera de maltratar esta vida he tenido!
Yo solita, empujándola, sin ayuda de nadie.
Entramos en la zona de nubes grises
(la turbulencia)
y estoy en medio del océano
–el paisaje se cierra cada vez más–
cuando una vida
(mentida)
también se cierra cada vez más

hasta apretarnos
el vientre.

II.

El avión cambia su velocidad
(tengo el miedo mío y el de todos los demás)
crece-aminora-se detiene-prosigue.
Reparten caramelos
mientras que el piloto atrapado en la luminosidad
intenta salir, subir, bajar, pero no puede.
El gris y el blanco se combinan a la perfección
–mis orejas se encienden como esa luz de los pasillos
fulminante.
Un musulmán cambia de asiento,
se acerca a la ventanilla, al mar.
Sujeta su sombrero blanco
para que no vuele
y abro la cortina
donde sólo hay nubes bajas para proteger
tardíamente
a los hombres que se fueron.

Abro la cortina

Por la ventana el sonido del puente de hierro
entrega su misterio de metal
niebla baja hay
y su claridad me desbasta.
Esa poca luz que por mis ojos entra
adquiere confianza
la cierro
para que los muertos duerman
cuando doy bandazos de un lado al otro de la cama
inmensa
y siento que sus ojos presienten mi malestar.

Caminar por la alfombra
mirarme al espejo
hacer gestos
descompuesta
como una gata en celo
espera suspensa en el alero
que alguien salga a rescatarla
de su vida ordinaria.

Pero, ¿todas no íbamos a ser reinas?

No soy una «reina de lujo».
Soy una reina pobre, sin belleza;
una reina-plebella, dijiste,
al compararme con la otra.
Y quedó muy bien asentada tu frase en la comparación:
una «reina de lujo» y yo, la otra,
cualquiera.

Las piezas del ajedrez en madera real
barnizadas,
pero imperfectas
su juego inconcluso
y ¡yo que estaba tan feliz!
inconsciente
de la trampa que hacías
cuando mi mano con la suya
amasándose iba
enlazando un pasado perdido
bajo los rascacielos
y me sentía también otra «reina de lujo»
sin querer
no una pieza vulgar.

Ellos también se empañan al paso
de mi cuerpo en su reflejo
–una noche fría de mayo,
comiendo arroz indio y picante,

en Manhattan.
De blanco transparente contra el viento
mi bufanda y yo
inmerecidas
«reina madre» –dijiste–
autosuficiente
como una bendición
que no se quiere tan cerca,
pero tampoco perder.

Después, se fue apagando con la lluvia
que cayó de golpe sobre mi sombrero de nylon;
sobre los zapatos con olor a yerba mala,
sobre el tablero
los ojos
desenfocados casi
besándonos los lados de la boca
en aquel metro que partía
hacia atrás,
por el desfiladero de los dientes
no bajo la boca central
pulposa,
sino por los fragmentos de una boca miserable
los rastrojos
de lo que fue una sonrisa completa
una mordedura ideal.

«India, turca, negra, bastarda...»,
¿cómo puedes menospreciarme más?
Contra mi perfil tu palabra brutal
«paja» dijiste, ¡fue el colmo!
para mi reinado falso de una noche contigo.

La comida picante me atragantó.
Los dedos separaron con violencia
la seda blanca.
Las piezas húmedas del juego.
¡Qué golpe recibí
cuando bajé desde los cielos hasta el borde
del puente!

Alga quemada, achicharrada,
en mis piernas se enreda
para llevarme
hacia el fondo
donde no se puede uno zafar
ni volver.
Alga quemada en vida,
entre la arena
movediza
sospechas que trae chismes
de un mundo prometido
en la cubierta
de aquel imperio que iba a sobrevivir
en tu boca.

Te quiero, como quieres a otra
—como esperas pasar tu vejez
envuelto en su sábana—,
la bolsa rota de la infancia
al costado del puente
donde un niño viejo
me despoja
de su preferencia.

Un rastrillo

para T

Por la costa pasa un avión pequeño
llevando una tela con dibujos
y palabras que no se pueden divisar
contra el viento.
No son poemas, son propagandas,
lemas para la alegría de un domingo
en el mar.
La espuma roza las aves que descienden
y tropiezan.
Es un mar que no está limpio espiritual,
porque nos trae más basura
de la que dejamos en él,
inmersa.
Es una costa cómoda,
relamida
entre sombrillas y toallas buenas
que dan al Atlántico
(a la prosperidad).

Un rastrillo naranja queda abandonado
entre nosotros
sin niño que lo recoja
equidistante
entre tú y yo
que contemplamos el mar

desde diferentes costas
sin consuelo.

Larga espera de una afinadora de pianos

> y cuando ya no vuelvas [...] seguiré
> enviando tarjetas vírgenes y mudas
>
> J. D.

para Charo Alonso

En este aeropuerto pensando
en llegar o en caer
entre notas voladoras
pasa el tiempo.
Señoras que han sido afinadoras antes que yo
resisten los últimos vericuetos de una afinación
inconclusa.
Las escucho afinando lo que les queda
de melodía y dolor
con precisión
desde la banqueta.

Mi mansedumbre vuelve a componer
un cinismo –mi cara fea,
los espejuelos que todo lo aumentan
inquietan a la belleza.
(Todavía es un misterio recordar
cómo hacíamos al estirar tanto la oreja
y fingir que oíamos las notas más bajas)
ese ápice de vanidad
que sobre el pentagrama favorezca
con iluminación tardía
–con trampas–,

una larga espera
frente a ellas
donde compruebas que todo fue un sueño
sin ninguna seguridad o certeza
para esperar más
crueldad.

II.

Tal vez cuando ya no vuelvas
te mandaré postales viejas y grabaciones
con la música que nos acompañó
–entre natillas de chocolate robadas de otros pozuelos
de cristal barato, en aquel apartamento art nouveau
junto a la iglesia del Ángel
donde bautizamos a la niña
un domingo de enero muy frío–,
recordando a Tracy Chatman
con arrepentimiento:
un deseo detenido
que detiene otro deseo en progresión
el de un rompecabezas común
que para entonces ya habrás olvidado,
pretendiendo todavía acertar
dónde y cuándo
escuchábamos juntos esa canción
por la que no sentimos nada hoy.

III.

La vieja afinadora de pianos se sienta conmigo
como una espía, ella sabe quién dejará más limpia
la nota sagrada: el susurro.
Quién enmendará esta pieza rota
dentro de la vasija «devuelta o dada» sin querer a los ciegos
para que la trabajen con sus dedos finos
hasta cortarse las manos con las cuerdas
−como nos cortábamos las nuestras ¡tan torpes!
al abrazarnos a ese órgano que tocará sin nosotros
temas de viejas catedrales hacia dónde huíamos
cogidos de las manos ásperas
cortadas también por remisión de un frío
que no acaba su invierno demoledor
y donde un niño prodigioso,
un «fantasma del medioevo» te dije,
componía las averías de un laúd que parecía guitarra
pero no lo era
cuando teníamos música,
cuando teníamos tiempo
de sobra que perder.

IV.

Ella dice que no recuerda tampoco
y sólo escucha
(sabe cómo componer aún
sobre la autodestrucción de la melodía
y por encima de su fragilidad
con precaución
un puente
sometido a un destino
que nos salve, pero no lo creo).
Las afinadoras regresan solas y ciegas siempre
tanteando con los dedos y un arete alargado
(su imán)
hasta el hombro desnudo
intentando escuchar, escuchar, escuchar,
cómo será la astucia de cambiar esta melodía
y amanecer menos tristes
por un rato.

Escúchame

Un hombre estaba ahí
escondido
viviendo en aquel otro que esperaba ser.
Al recoger sus espejuelos (azules)
miraba de refilón también
—la letra azul clarita
en la pizarra blanca.
Notas suyas en pequeños hilos de tinta
sobre hojas rayadas
que descifrar.
Y sentí horror por lo que estaba mirando
¡por lo que él estaba abandonando!

A uno no le enseñan el cadáver de un hombre;
la parte mutilada de una lengua en la oración
con la que pueda detener
un pensamiento o una queja.
No concluye con libros amontonados
unos sobre otros
un saber dejado
tragalenguas
que va dejando sus fragmentos
regados
sobre una tumba-mapa
—pero él no está muerto—,
su cuevita encima del baño es todavía un misterio
sin develar.

Uno puede creer ingenuamente
que puede dejar así sus pertenencias
y marcharse por una fisura
–como ocurre en un comics vulgar–,
tener otra oportunidad sin ella:
vidrieras   caminatas   muchachas
que no conocen el herpe en la tetilla
su dedo extraño
que se dobló con el cordón umbilical
al menos con tres vueltas al nacer
y no sabe del peligro de enredarse otra vez.

II.

Pero, sobre el viejo fregadero blanco
—tan blanco como la lluvia de aquel sábado
cuando nos despedimos;
tan blanco como la pizarra—
quedaba el cuadro de bronce
que nadie había retocado al caer
oscurecido por el moho
donde cabían los tres
—la niña, ella y él—
apretujados por el hambre
contra el marco.
¿Cómo se puede salir del marco
y atravesar la hilera de cadáveres
que somos ya mis amigos y yo,
entrando por una puerta ficticia
donde no queda nadie aquí?
¿La ceja alzada por una regla de tres
cuya separación iba a forzarse,
a constituirse en despedida?
¿Cómo dejar la habitación blindada
—aquel vacío en la habitación—
donde la había asesinado
al dejarla?

El detective mira y reconoce
que es mentira todo cuanto ve

y se acerca a la imagen de un crimen
falso –como un mal detective.

III.

Mi boca está seca
–el labio hundido–
que besó sin rozar casi
en el aeropuerto
donde el brazo alrededor
ha dejado un hueco profundo
una curvatura
hacia el antebrazo
donde la figura de mi cuerpo en su mano
se ha encogido
por tanto dolor
y ahora es un hombre de aire
que se hincha y desinfla por momentos
cuando alguien lo quiere sujetar.
Un asesino inflado por su propia
decisión de matar
por su nostalgia
de no ser mi hermano
mi padre
mi amante
mi amigo
mi hijo
extrañamente un pez que escapa
a una cubeta profunda
(un pozo también blanco)

hacia donde la lluvia en la carretera nos arrojaba
al fondo de la pizarra
blanca blanca blanca
que no acaba de encajar en la pared
sus decisiones
de última hora
matando de un tirón
como un criminal
la breve línea de las letras
que quedaron aquí
insuficientes
sin coartada
esperándolo.

La guerra

> Allí también estaba el piano de cola sobre el que
> se colocaban los regalos de Navidad...
>
> V. W.

Sobre el piano Boston de madera lisa
no había regalos de Navidad.
Simplemente, unas medias tejidas y vacías
colgando
con impaciencia:
un rostro de ratón atrapado en sus puntas
bigotes muertos, sin gracia, sin sabiduría,
envueltos por el humo que bajaba por el patinejo
que traía paz o carbón cada vez.

Tocábamos «Blue moon»
–mi hermano y yo– afuera,
ponían bombas.
Un crucifijo esmaltado,
tenían los mayores contra ellas.
Y luego, con frenesí una y otra vez,
la misma melodía, ellos rezando,
nosotros tocábamos «Perfidia»
y nos arrinconábamos en el mueble tapizado de azul
que cubría la esquina del cuarto de la costura.

Mi madre apagaba las luces
y nos bajaba cubiertos por una cubrecama a cuadros

de cuyo tejido aspiré polvo pardo en la nariz
doblegando al silencio
tarareando notas
sentidos
que por sí solos podían contra el miedo
y nos acompañaban
cada noche
al bajar.

Desde entonces,
fingir que las luces prendidas en el cielo
eran guirnaldas o luciérnagas
fue mi empeño
y convertir la maldita guerra de afuera
en un concierto interior
(su desconcierto).

La madre, el piano

Dejo el libro de Marina sobre el piano.
Con el último acorde, muere su ilusión
en mi mano.
Muerta de su texto resurge sobre el mío (ebria)
«…aluette, siempre aluette…»
La razón estalla entre la vena abultada
de la mano y el vaso.
Tómala, joven de pelo rizo y profundas ojeras.
Es la mano equivocada.
No tengo tiempo para ti,
no traigo nada.
La vena estalla y la sangre a borbotones
baja por el hilo del brazo. Su música
clavetea mi espalda al fondo y la amordaza.
No me puedo entregar así.
Nunca más.

Delirio en el beso robado, entre las comisuras,
en el vientre.
– ¡Si puedo ser tu madre!–
Me viro en la butaca y toco
aquellas notas sueltas en el giro
de una agria melodía endulzada.
«Soy tu madre, Marina, soy tu madre
y me he llevado tu música, a la sangre.»

Tiene un color de cera en las mandíbulas,
aprieta el pedal, abre la octava.

El beso desprendido cae de su boca, ladeado.
(El beso está en mi infancia con sabor café
—no de azafrán o sándalo –,
pero la manera de estremecerme obra en la mente, igual).
—Tú con la espina dorsal, yo con la vena cortada
puedo morir de poner al diablo sobre el piano.
Ojos dorados, albaricoque… ¡que mienten!
¿Cómo relaciono este beso con la despedida de mi padre
y de la infancia?

La niña, nunca dejó de entrar con tu mano,
a ese pasillo interminable
del teclado
(por eso ni poeta ni pianista soy).
Perseguida que en su persecución,
se vuelve la eterna novia de tu amante.
«Hombre de pelo rizo, tienes potestad para zafar
los lazos, las costumbres…Toma el vino y escapa».
Hay sangre coagulada bajo su comisura.
Horror de sellar (besando) un pacto con el diablo,
mientras la música acromática
con sus cien años de perversión la alcanza.
«Afinidad por la infinitud de una sintonía» –dices,
y no comprendo nada.

Otro acorde para que se suspenda
la estabilidad de la muerte.
Prórroga fatal de un silencio a otro.
—Valían quince pesos sin comisión, lo sabes.
Demasiado dinero para el equilibrio de una vida.
Pon de nuevo tu boca de martinete

y resucita.
«Marina, mi niña –advierte a mi oído
contra el soplo del viento sur, la madre.
Son días de invierno verdadero o falso.
Te he dicho que el hombre de cejas anchas
viene a buscarte».

Su música

La partitura estará vacía.
En ella no aparecerá nada.
Como Constance comerá castañas romanas
y tú serás el genio.
Desapasionado, no persuasivo.
Una línea en blanco y sobre ella, de repente:
fagot, clarinete, en el corazón de las muchachas que sonríen.
Hacia el espacio ascendente,
(mordido por su boca)
el licor de la castaña ahora vacía, quieta.
Hay demasiadas notas esperándonos
en los opacos rumbos que toman los sonidos
de un destino.

Si hubiera tenido...

para Ana

Si hubiera tenido una nana como tú.
Una nana que se llamara Ana
y supiera mecerme
en sus rodillas.
La melancolía de su canción preferida
me acompañaría hasta el final.
(Una infancia de canción sin fin).

Tú hubieras debido llegar antes.
Salir del vil mundo,
de sus cosas imposibles.
Pero son tan jóvenes,
¡tan endemoniadamente jóvenes!
Todo debió ser de otra manera.
Pero sin nana y sin ti,
¿cómo escondo esta intensidad
de la tarde cayendo contra mi ventana?
¿La abro totalmente?
¿La cierro y me escondo detrás del librero
sin dejarla salir?

De los deseos, nada sé.
Sólo acumularlos en el estuche de un después mecánico
(ecos de una respiración que se agita
y jadea en silencio).

¿Por qué no vienes y me engañas?
¿Por qué no traes una nana prestada
que me acune otra vez
al despertar?
¿Será otra trama tendida en el recuerdo?
No me verá crecer
ni me arropará en las noches
de desvelo y de frío.
Y sin ella, la posibilidad de tu llegada será también
incierta.
Porque, no tengo, «formas de llamar desde el olvido…»

¿Quieres venir a cantarme,
a engañarme otra vez?
Tal vez voy a morir,
y las mujeres cuando van a morir
quieren oír su última canción.
«Arrópame… me pierdo dentro de un cuerpo ajeno
y envilezco».
«Un vals, ¿no lo oyes?… tocan un vals…»
mientras la nana se va, tan vieja de mi lado,
indiferente a una infancia sin canción
ni fin.

No oigo, no oigo a Bach por ninguna parte...

> mientras la señorita tocaba el último acorde de
> la fuga de Bach...

Las fusas —«esas garrapatas dobles sobre el pentagrama»,
las llamaba Fe—, esa gravedad
que tanto trabajo costaba interpretar.
La intensidad perdida de aquellas semifusas
con insatisfacciones.
Cantatas sacras de un subterfugio cualquiera,
y salir brincando por la ventana del baño
hacia la mañana de un domingo lluvioso
(el piano encerrado todavía dentro de la casa)
enloquecido por los arrebatos de Melchor
sobre sus cuerdas rotas,
en un vulgar programa de música clásica por la radio
donde una mano cualquiera,
lo golpea indiferente hoy.
Y ella buscando atrás, atrás,
una fuga sin terminar,
ciento veintinueve compases que simbolizan
la palabra obsesión y luego,
el llanto.

Ya no oigo a Bach por ninguna parte
en la versión de Wanda Landowska.
No oigo los tropeles, esos devaneos,
sus cizañas.

De manera que a mi sensibilidad
la corrompió también esas esquirlas
que sin querer nos sobrepasan.
Todo mi dinero invertido en comprar aquellos discos
gradualmente sonándoles más la inconformidad,
—menos la devoción cada vez—
tras un deseo ingrato por las cosas
que no vienen rayadas en la placa.
Oírte regresar por la escalera del arpegio
con futilidad, con desdén.
Ruidos, atropellos, sarcasmos...
(Contrabando en «La casa de la cultura Checa»
que tampoco existe ya, en P y 23).

Iba a los conciertos los domingos
con aquel vestidito de seda gris
y el hueco es cada vez más profundo, más repugnante,
entre aquella muchacha sencilla,
y yo.
¿Será que anduve de viaje por la inutilidad
de un sentir?
¿Será que el teatro se quemó bajo una cúspide de resonancia
frágil?

La casa se derrumbó una mañana de domingo
hacia la esquina de Neptuno,
y las teclas sonaron sin Fe
sobre mi espalda abotonada al nácar de un teclado
que había dado la vuelta (en redondo) al mundo de una
esquina,
sobre amarillos arrancados de cuajo

–a una tecla, a un botón, a las aproximaciones
de mis manos–
con esa pobre indiferencia de las muchachas
comprometidas con nada,
(pero con algo aprendido de aquella vanidad pecaminosa)
sospechando que valdría muy poco sostener
aquel sí definitivo.
«¿Para quién?» –me preguntaba Fe desde el teclado.
Fue mi pasión, lo sé, trucar los dedos
de un semi tono, equívoco.

En fin, no me quejo.
Pero queda esa confusión, esa desazón,
esa vaga nostalgia que se llamaba música
contra los pedales al chocar
muy des-pa-cio primero
(aprisa luego)
con arrepentimiento
de bronce pulido bajo la piel,
corrompiéndose allí
(reverberando)
en el dorado champagne de otras imágenes
pasadas por los dedos.
«¡Un delirio mal tocado!» –gritaba ella–
un dolor de las fusas clavadas en el pecho,
a contra punto, esa alta traición
de un tiempo desmedido,
pero «absolutamente medido»
–decía muy segura–
entre un compás y otro,
contra el miedo.

Advertencia

No toques otro piano que no sea el tuyo,
ni lo traiciones ni lastimes
—no lo reconstruyas tampoco—,
pedía Glenn Gould:
un piano no puede recompensarse
de su caída (tú, tampoco)
ni salvar
sus martinetes
que dejaron
firmeza y obsesión
en la pasión de unas manos
flojas por la vejez.

Las notas sueltas se despedazan
sin poder agarrarlas
de su final inevitable.
Llorar, reír y correr
no te salvarán tampoco
del viento que pega contra la cara
y contradice en el esfuerzo
tu decisión:
la angustia de la música que ya no alcanza
para vivir el tramo de carretera que dejaron
los arpegios
sueltos, mudos, equidistantes de otra octava
imposible
cuando sentada al volante

–dejando de ser yo para ser ella–,
involucrada a más no poder
miro los kilómetros de teclado blanco
sobre los que pasé tantas veces las manos,
acariciándolos
(sin variaciones)
con desesperación.

Como si correr del blanco al verde
–esa imposibilidad de empezar
desde arriba otra vez–
en la canal, en la colina, entre las notas sueltas
donde me ensimismaba
y pedía gritar tocando
lo que ahora no puedo
por ser decente, vieja,
magullada
y sin música
me hubiera defendido
de la vanidad.

www.ingramcontent.com/pod-product-compliance
Lightning Source LLC
Chambersburg PA
CBHW032230080426
42735CB00008B/793